Magie der Spirale

Sonja Henisch

Sonja Henisch
Ganzheitliche und politische Gedichte

Impressum

edition sonne und mond
Wien, 2o2o
ISBN: 978-3-9504897-1-2
www.sonneundmond.at
pappelblatt.at

Lektorat: Manfred Stangl
Umschlagbild: Magnolie mit Stacheldraht,
Sonja Henisch
Layout und Satz: Mathias Hentz
Druck: bookpress.eu

Gefördert durch Stadt Wien

Magie
der Spirale

sonne &mond

ganzheitliche und politische Gedichte
v. Sonja Henisch

www.sonneundmond.at

Für meine Tochter

Als Krönung der Liebe warst Du erwünscht,

aus Liebe bist Du entstanden.

Bleib offen für alles, das Liebe ist,

dann hast Du Dein Leben verstanden.

Prophetinnen

Wir lesen in der Bibel, sofern wir das machen,
dass es Propheten gab.
Manche glauben daran, dass vor Zeiten
Propheten mit Gott sprachen.
Manche glauben daran, dass Propheten glaubten,
dass sie mit Gott sprachen.
Wir denken nicht daran,
dass es außer Daniel, Ezechiel, Jeremias und Jesaias
und etlichen weiteren Herren,
es auch Frauen gab, welche
dieselben Eigenschaften besaßen.
Sie glaubten daran, mit Gott zu sprechen.
Sie glaubten daran, ihrem Volk etwas
sagen zu müssen.
Sie glaubten daran, ihr Volk zu retten.
Sara, Mirjam, Deborah, Judith, Abigail, Ester,
sie retteten ihr Volk.
Viele Völker leben heute auf diesem Planeten.
Viele Völker haben wenig dazu gelernt.
Viele meinen noch immer, sie wären besser.
Meinen noch immer, sie wären besser als andere,
hätten mehr Rechte,
wären im Besitz vermehrter Macht.
Ausbeutung, Unrecht und Schmach
verdunkeln die Sonne,

das Universum brüllt Fluten herbei,
Orkane durchbeißen den Boden
vom Blut der Kriege durchtränkt.
Ein Zopfmädchen steht auf und viele mit ihr,
weist höchste Ignoranten in ihre Schranken.
Die Finger in den Wunden unserer Erde,
begehrt sie auf für die kommenden Kinder.
Und manche lästern noch immer:
„Ein dummes Kind!"

2019.09.25

La Belle De Nuit

La belle de nuit, tot?
Dass ich nicht lache!
Bewegst du doch Ebbe und Flut!
In Sehnsuchtsnächten schmachten sie dich an,
während Tausende, tanzende Blüten
ihren Träumen entschweben.
Doch sie wissen nicht mehr,
dass du es bist,
welche die Säfte zu Träumen gebiert.
Und Liebende,
ineinander verschlungen nach verschenkter Lust
wissen sie,
dass es dreimal drei heiligen Monden bedarf,
bis neues Leben liegt an der Brust?

Mit männlichem Artikel haben sie dich umwunden,
Dornröschens dreizehnte Mondfee
für böse erfunden,
und doch haben sie dir kein Geheimnis entwunden.
Die Mondsichel haben sie
mit der Zipfelhaube vertauscht,
den Mondmann wieder
mit dem Sandmann vermauscht.

Du stehst als Maria auf der Mondsichel,

umgeben von Linden,
und hilfst den Liebenden die Liebe zu finden.
Oh Möndin, du Schöne,
königlich, prachtvoll mit schwellender Rundung
empfangender Scham,
Nimm dich weiter unseres Blutes an.
La luna,
lunane, lanula
lananu, lanune, la lune,

Wien, 2010.06.17

Niagara Fälle

Weites, weites Land, geraubt, nicht bekommen,
von unübersehbarer Größe,
mit Himmeln, voll berauschenden Anblicks.

Ruhig und gleichmäßig ist
dein Herzschlag noch immer,
auch wenn kleinere Geister
als jemals zuvor
auf dir herum irren,
um dich zu finden in ihrem Selbst.

In Orange, Gold und Rot ragen die Farben,
die nicht existent sind
in die unwirkliche Bläue hinauf.
Ich finde es wundervoll.
Obwohl ich selbst ebenso unwirklich bin,
bin ich Sensor all dieser göttlichen Unwirklichkeit.

Und da sitze ich neben den Fällen,
neben Chinesen, Indern und Möwen,
die jenen Futter abverlangen,
obwohl sie mit Grazie in die strudelnde Tiefe
hinab tauchen,
Magiern gleich, die jede Schwerkraft
hinter sich lassen,

scheinen im Nebel der Gischt ihre
sanften Umrisse auf,
um im nächsten Augenblick wieder
verschwunden zu sein.

Gleißend spricht das morgendliche Sonnenlicht
zu ihnen
und erzählt ihnen von den Ewigkeiten,
die es hier schon beschienen hat.
Absichtslos gleitend lauschen die Vögel
der gewaltigen Stimme des tosenden Wassers
neben ihnen.

Und da sitze ich noch immer neben den Fällen
absichtslos lauschend, das Tao erfahrend.
Wumm, wumm, wumm,
ob andere es ebenso hören wie Leila und ich?
Was war es, das mich hierher zog
aus ferner Zeit von weit her?
Es gibt eine Menge anderer Plätze,
die ich in diesem Leben noch aufnehmen möchte
in dieses Bewusstsein.
Warum nicht Tibet, Petra, Plätze in Indien?
In Paris war ich noch nie
und auch nicht in Moskau.

Tiefe Tränen voll Glück und voll Traurigkeit

habe ich verspürt,
trotz all der Schönheit, die es hier gibt.
Traurigkeit aus alten Tagen,
aus jener Zeit, als meine Haut nicht weiß war,
wie jetzt,
sondern in einem olivbraun getönt,
so, wie damals, als mein Gesicht
mich aus dem Tunnel angeblickt,
mit langem, gerade geschnittenem Haar.
Dennoch wusste ich, dass es mein Ich war,
was immer mich angeblickt hat, weit durch die Zeit.

Zeit, die Illusion ist,
wie man immer mehr weiß.
Also war ich damals und bin heute,
fühle Leid, Tod, Liebe, Entbehrung,
habe von allem genug.
Also bin ich die fliegende Möwe,
weit unten im Fall,
bin ich der Fisch in der Tiefe,
der Wind rund um mich,
bin meine Freundin Leila,
die liebevoll mich hierher geführt hat
und der Sonnenstrahl,
der uns umgibt.

5. November 2007

Raubzeug

Die Eichkätzchen räumen die Vogelnester aus.
Sie sind Räuber.
Deshalb kann man sie abschießen.
Der Luchs ist ein Räuber.
Es gibt ihn kaum mehr. Er gehört zum Raubzeug,
deshalb gehört er abgeschossen.
Der Fuchs überträgt keine Tollwut mehr.
Er gehört zum Raubzeug.
Deshalb gehört er liquidiert.
Der Wolf verbreitet sich wieder.
Er reißt Wild und gelegentlich Schafe,
die nicht von Hunden geschützt sind.
Er ist ein Räuber.
Deshalb gehört er abgeschossen.
Sie alle rauben das, was dem Menschen zusteht.
Der Mensch hält sich für die Krone der Schöpfung.
Deshalb weiß er nicht,
dass er ein Räuber ist.
Er raubt den anderen Wesen ihren Lebensraum
und ihr Leben.
Vielleicht ist das der Grund,
weshalb es unsere Erde, so wie sie jetzt aussieht
bald nicht mehr gibt.

2019.12.19

Ich bin, wo ich bin

Ich bin, wo ich bin.
Aber du wirst mich erkennen,
sind deine Augen erst einmal geöffnet
und dein Herz erstrahlt im rosigen Schein,
dann wirst du mich sehen.
Du wirst mich sehen in jedem Grashalm,
auf den du trittst
wirst meine Stimme in jedem Vogelsang hören,
wirst mich schmecken in jeder Speise,
die du zu dir nimmst.
Du wirst mich wissen in jedem Hauch,
der mit kühlem Kuss deine Stirne umweht.
Du wirst mich fühlen in deinem innersten Sein,
wo ich mit dem Gatten vereint bin
im allewigen Klang eins.
Ich bin, wo ich bin
und du wirst mich erkennen.

Ewigkeiten und das Herz ist voll Leben

Lange, ach lange schon ist es her,
da warst Du an meiner Seite,
und bist es schon Ewigkeiten nicht mehr.
Ideale waren in Deinem Kopf
und Dein Herz war voll Leben

Nun ist er da
und sieht ein wenig aus
wie Du in besseren Tagen.

Hat der Erfolg Deinen Mund
zu einem Strich welken lassen -
oder Einsicht
über geschaffenes Leiden?
Oder ist es Selbstmitleid?
Wer weiß?

Er ist nicht mehr so jung,
wie du damals.
Doch er ist hier und lebendig
und liebt und fühlt.
Ideale sind in seinem Kopf
und sein Herz ist voll Leben.

Wer bist Du?
Wer bin ich?
2006.12.21

Für eine Freundin an einem großen See

Welle um Welle
Windhauch um Windhauch
Wimpernschlag um Wimpernschlag
kehrt Ruhe ein in dein Herz.

Grab doch ein Loch,
um neue Rosen zu setzen.
Gib reichlich Hornspan hinein,
dazu alle Gedanken
an vergangenes Leid.

Jetzt musst du es tun –
es ist die beste Zeit dazu,
jetzt, im goldenen Herbst!

Du wirst sehen:
Nach der langen Dunkelheit
wird neues Licht und neuer Duft
Dich umfassen.

Okt. 2006 in Bregenz am Bodensee

Du bist nicht mehr

Du bist nicht mehr
der, der du warst
und dein Jetzt interessiert mich
nicht mehr.
Dennoch hält mein Herz Kontakt
mit dem, der du sein wirst.

2007.01.03

Herbstgedicht

Wenn die Hagebutten
ihre roten Wangen bekommen,
bist du schon durch den Sommer geschwommen.
Der Sauerampfer kleidet sich golden,
früh morgens tanzen die Nebelmädchen, die holden.

Wenn die Hagebutten
ihre roten Wangen bekommen
und du bist längst
durch den Sommer geschwommen,
wachsen die Pilze draußen im Wald
und abends wird es ohne Jacke schon kalt.

Wenn die Hagebutten
ihre roten Backen bekommen,
sind die Schwalben unseren Breiten entkommen.
Die Badesachen liegen im Schrank
und die Katze träumt auf der Ofenbank.

2007.08.23

Meine Kindheit

Meine Kindheit beschränkt sich
auf ganze dreißig Quadratmeter.
Spiel schön brav!
Der Papa hat Nachtdienst gehabt
und muss jetzt schlafen!
Du willst doch kein Gassenkind sein!
Also spiel und sei ruhig.
Im Traum schwebe ich
mit ausgebreiteten Armen
durch die Wohnung der Nachbarin.

Februar 2007

Muschel bin ich

Muschel bin ich,
Muschel bist du.
Wirf ab die raue Schale
und gib dich zu erkennen!
Du darfst auch schwach sein,
um stark sein zu können!

Februar 2007

Niemals

Du trugst niemals Wind im Haar
und keinen Mantel, wie Flügel,
Dein Gesicht war nicht Profil,
denn das hattest du nicht.

Und du kamst nicht vom Fluss,
gingst auch nicht zur Fabrik,
weder eins, noch das andere,
ich glaube dir nicht!

Doch du redest sehr viel
und sprichst viel vom Konsum,
erklärst die Wirtschaft und Abhängigkeit,
fantasierst von Freiheit
mit dem Rotwein im Glas
doch Verantwortung - die fühlst du nicht.

2007.01.10

Schmetterlinge

Goldene Schmetterlinge tanzen von den Bäumen,
wirbeln froh im späten Sommerlicht.
Locken uns damit zu sanften Träumen
von vergangener Sommertage Sicht.

Gelbe Blätter tanzen von den Ästen,
sinken sanft ins trübe Nebelgrau.
Drängen unsere Wünsche ins Vergessen,
fern sind schöne Tage in der Au.

Braune Blätter liegen nass am Boden,
feuchte Tröpfchen kleben im Gesicht.
Kälte kündet sich als früher Bote
von des Winters drückendem Gewicht.

2007.09.27

September
oder: lila Sterne

Lila Sterne blühen in den Wiesen,
strahlen zwischen dürrem Gras hervor.
Erinnern nochmals an des Frühlings Sprießen,
bevor die Kälte öffnet rasch ihr Tor.

Lila Sterne blühen in den Wiesen,
blitzen frech im Herbstes Sonnenstrahl.
Warnen erstmals dich vor kalten Tagen,
wenn die Bäume ragen in den Himmel, kahl.

Lila Sterne blühen auf den Wiesen,
lugen zwischen Büscheln Gras hervor,
hoffen uns gleich auf noch warme Tage,
ein paar Frösche quaken leis im Chor.

September 2007

Windtanz

Die Blätter, schäkernd mit dem Wind getanzt,
des Herbstes Sonne hat den Ballsaal hell erstrahlt,
liegen sie jetzt gleich toten Schmetterlingen
still am Boden,
ins feuchte Nass gedrängt, im braunen Moder.

Der Igel nützt sie nun als dunklen Haufen,
sich hüllend, still, vertrauensvoll ins braune Gold,
bevor die weißen Nächte klirrend nahen,
wird er sich rund und satt in sanfte Träume wagen.

Die Äste ragen, Fingern gleich nach oben,
die Krähen nehmen gern davon Besitz,
umflattern Wanderer mit ihrem rauen Krächzen
und suchen für uns den Zauber nach dem Sinn.

2007.10.22

Wir Kinder dieser Erde

Wir Kinder dieser Erde,
wir atmen die gleiche Luft.
Wir freuen uns am Leben
und lieben Blütenduft.

Wir Kinder dieser Erde
wir spielen alle gern.
Wollen die Welt entdecken,
den schönen, blauen Stern.

Wir Kinder dieser Erde
wir fühlen alle gleich,
lieben Eltern, Schwestern, Brüder
und Freunde auch zugleich.

Wir Kinder dieser Erde
wir haben ein gleiches Recht:
auf Frieden, Freiheit, Sicherheit.
Wer anderes sagt, meint's schlecht!

Wo all die Blumen waren, als es geschah

Der sanfte Bergwind küsst meine Beine
begierig zerrt er am Stoff meines Kleides.
Kräuterduft betört meinen Sinn.
Und ich liege und wache und frage mich,
wo all die Blumen waren,
als es geschah.
Als es geschah, mit den moslemischen Männern,
die am Hang unter weißen Steinen ruhen,
drüben, am Bergfriedhof des Igman.

Der laue Abendwind umschmeichelt meine Arme,
oben, bei der alten Zitadelle von Sarajewo.
Ich lösche den Durst mit Orangenlimonade
und frage mich,
wo all die Blumen waren,
als es geschah,
Als es geschah, mit den jungen Männern,
die auf dem orthodoxen Friedhof
in Wischegrad liegen.
Die Rückseite der Grabsteine zeigt sie
in voller Kampfmontur,
und jenen, die links und rechts unter mir
unter grauen und weißen Steinen modern.
Die Frauen sind hübsch hier
und tragen knappe Klamotten,

bis auf jene,
die sich ihres Glaubens
oder ihrer Männer wegen verhüllen.
Ob sie es alle es wissen,
wo die Blumen damals blühten?
Ob manche von ihnen sie pflückten?
Jene, die vielleicht nicht in Lagern litten?
Damals, als einer dem anderen
sinnlos Gewalt antat.
Gräber und Ruinen zeugen davon
und grobe Männergesichter
verraten mit schiefen Mäulern
ihre Geringschätzigkeit.
Der Wind weht über die Gräber
und ich frage mich noch immer,
naiv, wie ich bin,
und wie einst Bob Dylan,
ob man es je verstehen wird.

Sarajewo, 2010.07.27

Woher

Woher, wann wie, wieso
ich hierher gekommen bin
aus dem Licht
möchtest du wissen?

Wohin, wann wie, wieso
ich gehen werde
lass ich dich wissen,
wenn du bereit bist,
es zu verstehen.

2007.01.03

Zaubergesang

Wallaus Kristall allüberall.
Schließe mich ringsum ein,
schließe mich ein im Sein,
lass nichts herein
als Licht allein.

Drehen

Dreh dich und trink,
so trink doch den Trank,
gleich wirst du nicht krank,
den Klugen sei Dank!

Sie machen die Kohle,
ob du liegst an der Mole,
den Klugen sei Dank!

Dreh dich und trink,
das Geld niemals stinkt,
das bergfrische Wasser,
verpantscht macht es Kassa
den Klugen sei Dank!

Die Bergler, sie werkeln,
im Dunklen sie torkeln,
fehlt ihnen das Ekeln
für wenig Moneten,
den Klugen sei Dank!

Und Babys und Kinder
süß müssen sie trinken
den unseligen Trank,
den Klugen sei Dank!

Dreh dich und trink,
so trink doch den Trank,
getrunken, gedreht,
die Welt immer noch steht.

Dreeeeeeeehhhhhhhhh!
Wir drehen und trinken
es stinken Schmutzfinken
bis Japan und China
Halunken ertrunken,
im Meer tief versunken.
Es kümmert sie nicht die Bohne
es gibt etwas Feines,
ertrunken im Meer:
Das gibt Schlagzeilen her.

2008.01.29

Idol

So toll sein, wie du,
so Spitze sein, wie du,
so schnell sein, wie du,
so stark sein, wie du,
so klug sein, wie du,
so bekannt sein, wie du,
so schön sein, wie du,
so reich sein, wie du,
soviel Macht haben, wie du,
so gut Musik machen, wie du,
so gut spielen können, wie du.
Was immer du machst, wir finden es einzigartig!

Wir beten dich an.
Wir liegen dir zu Füßen.
Wir täten alles, um deine Aufmerksamkeit
zu erlangen.
Wir täten alles, was du nur willst,
um in deine Nähe zu gelangen.
Hätten wir nur deine Gunst,
wären wir wenigstens ein bisschen wie du.

Gemeinsam mit dir wären wir an der Spitze.
Wir hätten Anrecht auf den Duft der Schicki-Mickis.
Wir hätten ein Anrecht,

ein wenig so toll zu sein, wie du.
Wir hätten den Schutz deiner Stärke
und könnten die eigene Stärke besser entwickeln.
Wir hätten die Anmaßung deiner Klugheit.
Umgeben von deiner Schönheit
fänden auch wir uns schön.
Verwöhnt von deinem Reichtum
fänden auch wir uns reich.
Das Erlebnis der Macht gäbe uns das Gefühl,
mächtig zu sein.
Bleibt die Frage offen, was wir damit begännen.
Neben dir entwickelten
auch wir unsere Begabungen.
Wir fänden uns endlich auch einzigartig.

Wir suchen uns in dir
und glauben Gott gefunden zu haben
oder zumindest etwas ähnliches.
Wir bedenken nicht die Vergänglichkeit von allem
Was aus Bedingungen entstanden ist.

2

Wir bedenken nicht die Vergänglichkeit
deiner Schnelligkeit,
deiner Stärke, deiner Klugheit, deines Ruhms,
deiner Schönheit, deiner Macht, deines Könnens,
all dessen, was wir glauben,
dass es einzigartig ist.

Warum beharren wir in der eigenen Nichtigkeit?
Warum beharren wir in der eigenen Lahmheit?
Warum beharren wir in der eigenen Schwäche?
Warum beharren wir in der eigenen Unwissenheit?
Warum beharren wir in der eigenen Hässlichkeit?
Wen oder was hassen wir?
Warum beharren wir in der eigenen Armut?
Warum beharren wir
in unserer eigenen Unfähigkeit?

Warum suchen und finden wir nicht
alle Fähigkeiten,
die wir so an dir schätzen nicht in uns,
wo wir doch ebenso vergänglich sind, wie du?

Kannst du es mir sagen?

Blau, so blau

Blauäugig ein blaues Auge davontragen,
wohin auch immer.
Der Stuhlkante die Schuld geben,
was sie auch damit anfängt –
vielleicht den – Schuldschein einlösen?
Jedenfalls andere von der Schuld
in Kenntnis setzen,
dazu dunkelblaue Sonnenbrillen nehmen,
um die Bläue ganz deutlich auf der Nase zu tragen.
Dabei die Nase in nichts
Unpassendes hinein stecken,
und endlich dem Schuldigen den Stecken geben.
Gib ihm eine milde Gabe!
Gib ihm eine auf 's Aug.
Au! Blau! So blau!

27. August 2009

Das unendlich Böse

Mit einem dämonischen Lächeln
grinst sie dich an,
deine Mutter.

Das unendlich Böse
hat sich
durch den Türspalt gequetscht
und erfüllt mit stickiger Bosheit den Raum.
Keine Zuflucht,
keine Sicherheit
gibt es für dich,
glaubst du.

Das unendlich Böse
hat von der Mutter
Besitz ergriffen,
meinst du.

Trotzdem
hat sie immer
dein Bestes gewollt,
sagst du.

Wenn ich also möchte,
dass es dir gut geht,

dass Schmerzen und Sorgen
dich meiden,
siehst du
deine dämonische Mutter
in mir.

2009.11.30

Deine Worte

Deine Worte
haben mir tief ins Fleisch geschnitten.
Verletzt, vor langer Zeit –
von mir ungewollt,
unterstellst du mir,
auf deine Worte nicht zu achten.

2009.11.30

Gedanken im Vorschlaf

Aufgetaucht aus dem Chaos
hat die Weltenschlange das Ei umtanzt,
erzählt man,
und gezeugt die
Tochter,
welche unsere Talente weiter
entwickelt
zur
Freude der Götter,
welche alle Eins sind,
waren die Heroen geboren
zu zeugen
über die Kraft und Schönheit
derer,
die sich vermessen zu vergessen,
dass wir alle dereinst
eingehen ins Licht.

Jänner 2009.01.12

Graue Wolken

Ich sage, ich geh,
für Sado-Spiele bin ich mir zu gut.
Bitte, geh nicht,
sagst du.
Ich stecke in einer grauen Wolke.
Seit meiner Kindheit,
sagst du,
hoff ich,
dass sie vergeht.

2009.11.30

Lauschen

Wenn ich im Kopf bin,
sagst du,
fühl ich den Schmerz nicht,
der mich
seit Kindertagen
quält.
Damals bin ich,
erzählst du,
jede Nacht aufgestanden,
um zu lauschen,
ob meine Mutter
noch lebt.

2009.11.30

Nebenan

Meinem Vater
hat es einst fast das Leben gekostet,
als er seine Worte zu Papier brachte,
um sie andere lesen zu lassen.

Ich habe gestern von zwei inhaftierten
Autoren erfahren,
ein dritter hat Selbstmord begangen.
Ein Passant auf der Straße,
der unbequem war, wurde erschossen.
Der Journalist,
der uns vor der letzten Olympiade
einen Film mit Interviews
ins Wohnzimmer lieferte,
wurde verschwunden.

Bei uns?
Jetzt nicht!
Wo dann?
Nebenan!
Wo nebenan?
In Tibet. Oder ist es China?
Es ist immer nebenan,
solange es nicht hier ist.

2009.11.10

Wahnen

Menschheitswahn
Größenwahn
Schnelligkeitswahn
Fortschrittswahn
Schnelligkeitswahn
Schlankheitswahn
Schönheitswahn
Wahnvorstellung

Minderwertigkeitskomplex
zum Wahnen.
2009.10.01

Begegnung

Dir selbst
davon rennend
begegnest du dir doch
an der nächsten Straßenecke.

2010.07.05

Blaue Flecken

Blaue Flecken
haben die Eigenschaft
braun zu werden,
bevor sie verschwinden.

Wie viele braune Flecken
gibt es noch immer
auf den Landkarten
dieser Welt?
Wäre es nicht Zeit, dass sie endlich
für immer verschwinden?
Wie lange dauert es,
bis sich die braune Scheiße verflüchtigt?

Braun beschissen, verschissen,
zugeschissen, zerschlissen,
endlich von Mikroben aufgelöst.

2010.05.07

Erinnerung

Ich glaubte
Dir zu gehören -
mit all meiner Liebe.

Doch
Du gehörtest
nicht mir.

Erinnerst Du Dich noch:
Als wir die Spinnwebenkatzen fanden
im Küchenschrank,
da prallte ich
für einen Moment zurück vor Entsetzen.

Du aber lachtest laut und derb
und hattest mich bereits damals
in Deiner Seele vergessen.

April 2010

Für Genro

Du hast Dich
mit dem Feuer verabschiedet
und kommst wieder im Wasser.
Du bist mit dem Wind gegangen
doch bist Du spürbar mit jedem Atemzug.

Wenn der Apfelbaum fällt,
hast Du gesagt,
wird ein neuer gepflanzt.
Der trägt zwar andere Früchte,
dennoch bleiben es Äpfel.

In meinem Herzen ist Wehmut,
da Du gegangen bist.
Seltsamerweise ist aber keine Trauer zu spüren,
sondern Freude
mit jedem Gedanken an Dich.

Geil gegeizt

Der winterlichen Konsumgenossenschaft
kann sich kaum einer entziehen,
außer er einsiedelt vor sich hin
und entzieht sich der Medienlandschaft.

Versucht solch eine renitente Person
anstatt
schafherdeblökend mitzuspektakeln
in die Dunkelheit dieser Zeit
ihre tastenden Fühler auszustrecken
um in die Seele zu horchen –
„Setz dich hin und halt den Mund!",
sagte der Zen Meister –
gibt es allerhand Konsequenzen.
Denn:
Religiöse Tendenzen werden strikt geahndet,
selbst, wenn sie nicht vorhanden sind.
Dafür wird weltweit geil gegeizt,
weil wir uns, seit Neuestem, laut Werbung,
im Winter nur mehr selbst beschenken.
2010.12.23

Kalte Sommertage

Hart wie Granit
sind diese kalten Sommertage.
Novemberkälte schmerzt
in den Zehen
und
die Minuten
beißen sich daran
die Zähne aus.

Abhalten wollen wir
das Ärgste
und öffnen den Ängsten
die Tür.

Fluten in den Straßen
reißen Treibgut mit sich.
Stoisch steht ein Hydrant,
teilend die Wasser.

Wir wollen doch etwas erreichen.

2010.05.17

Lobauer Herbstgedicht

Die Pappeln werfen ihr Silber ab,
bleischwer glänzt das Wasser im Graben.
Die Stadt gräbt sich weit in den Dschungel hinein
und trägt die Natur zu Grabe.

Alte Eichenkronen ächzen im Wind,
ein Vogel singt eine Klage,
Seerosenblätter treiben auf glänzendem Grund,
die Wassermädchen gibt es nur in der Sage.

Und doch wohnt noch einer im Hexenhain,
im unsichtbaren Haus in der Grube.
Die Alten, die Jungen, sie wahren den Schein
trotzdem nehmen sie ihm die Ruhe.

2010.09.06

Zu - pflastern

Die Stadt zupflastern mit Worten
auf dass sie gesunden möge von Taten,
die unverständlich sind dem sehenden Auge,
dem lauschenden Ohr,
dem wachsamen Geist.

Die Stadt zuschreiben mit Buchstaben, Silben,
Wörtern und Sätzen,
getragen von der Melodie und dem Rhythmus
der Sprache ist jenen unverständlich,
die
ohne sehende Augen,
ohne lauschende Ohren,
ohne wachsamen Geist
unterwegs sind, und damit keine Klarheit schaffen
in ihrem Bewusstsein.

2010.08.30

Reis

Weißer Reis
Langkornreis
Rundkornreis
Basmati – Reis
Rangoon – Reis
Java – Reis
Lombok – Reis
Patna – Reis
Japan – Reis
Süßreis
Jasmin – Reis
Roter Naturreis
Grüner Reis
Wann reisen wir endlich?
2010.09.27

Sarajewo

Ordentlich aufgeräumt hat man sie wieder,
die Stadt.
Grüne Wege säumen die Miljacka,
fast bis dorthin,
wo die alte Burg einst thronte.
Hinter Baumkronen versteckt
lugen die Ruinen hervor.
Malerisch fast -
man kann doch in alles
Ästhetik hinein projizieren.
Aufgeräumt ist das Bazarviertel,
voll mit Touristen,
die fein verzierte Granathüllen kaufen,
als ließe sich das, was geschah,
je transformieren.
Aufgeräumt ist sie, die Stadt,
die während des Krieges durch einen Tunnel
versorgt wurde,
um die Bewohner nicht verhungern zu lassen,
Sauber und aufgeräumt
und schön zum Flanieren
ist Sarajewo,
wäre es nicht rundum
von Tausenden weißen Gräbern
geziert.

2010.08.07

Sucht!

Sucht,
auf dass ihr fündig werdet!
Sucht doch:
Selbst-Sucht,
Nikotin-Sucht,
Alkohol-Sucht,
Drogen-Sucht,
Sex-Sucht,
Beziehungs-Sucht,
Spiel-Sucht!

Suchst du wirklich dein wahres Selbst,
solange du selbstsüchtig bist?
Die wahre Suche?
Die wahre Sucht?

Sucht der Drogensüchtige,
der Nikotinsüchtige,
der Alkoholsüchtige
wirklich Drogen, Nikotin und Alkohol?
Oder ist er nicht vielmehr auf der Suche
nach etwas Anderem, Höheren,
dessen Namen er nicht mehr kennt?

Was ist mit der Sex-Sucht?

War die Vereinigung
nicht einmal ein heiliges Ritual?

Zeigt die Beziehungs-Sucht
den Weg aus der Einsamkeit
und die Spiel-Sucht
den Weg des Vergessens desselben?

Warum ist aus der Suche Flucht geworden?
Die Flucht vor dem Selbst,
die Flucht vor den eigenen Schatten,
die Flucht vor den eigenen Abgründen,
vor den Dämonen,
vor denen wir uns verstecken, sie fürchten,
anstatt
ihnen ins Auge zu sehen
um sie dann
für immer
verschwinden zu lassen.

2010.07.05

Eile

Eile, mein Geliebter
und komm mit mir auf die Sternenleiter,
um die Weite unserer Gefühle zu ergründen.

Höre auf mich
und balanciere mit mir auf den silbernen Strahlen,
um den Duft der Vertrautheit zu beleben.

Tanze mit mir über den Regenbogen,
tanze
und lasse dich tragen
von der Kraft des Vergessens
vergangener Wunden,
die du mir geschlagen.

Komm schon
und lasse das Jetzt hinter dir!
Gleite mit mir in das Licht der Ewigkeit
um endlich deine Bestimmung zu erfüllen.

2011.04.16

Leopold

Im Stil der Dreißiger-Jahre vorzutragen,
(Annabelle)
ist auch im Charleston tanzbar

Leopold, ach Leopold,
warum sind dir die Frauen so hold?
Du bist doch gar nicht hübsch anzusehen,
trotzdem will jede mit dir geh'n.

Leopold, ach Leopold,
wie machst du nur die Frauen toll?
Sie sagen, es ist dein Hosenspund,
der ist auch wirklich prall und rund.

Das einzige, was ich wissen möchte,
ist alles an dir Natur und echt?
Ist es vielleicht ein Stück Salami?
Oder sogar brasilianische Banane?

Leopold, ach Leopold,
was machst du mich so wirr und toll?
Ich wälze mich schon in deinen Kissen,
denn jetzt möchte ich es endlich wissen.

Leopold, ach Leopold,
warum sind dir die Frauen so hold?
Du bist doch gar nicht hübsch anzusehen,
trotzdem will jede mit dir geh'n

2007.08.26

Zettelchen

Da flattern sie wieder, die Zettelchen,
bunt bedruckt mit Gedichten.

Pflück dir doch eines,
so, wie du Obst pflückst vom Baum!
Koste es!
Beiß hinein!
Du kannst es verdauen!
Was?
Du lebst voller Hast
und weißt nicht,
wie das schmeckt,
Kirschen, Zwetschken, Äpfel vom Ast?

Ich verstehe.
Für dich wächst alles im Shop.
Das Leben ohne Zauber ist für dich top.

Kunst ist, was andere dir erklären als solche.
Wahre Künstler sind niemals arme Strolche.

Denn sogar die Aktionisten von früher
trinken heute aus dem Parteiglas ihr Bier.

2010.08.30

Finanzindustrie

Metallindustrie,
Holzindustrie,
Bauindustrie,
Automobilindustrie,
Textilindustrie,
Pelzindustrie: an sich eine fragwürdige
Angelegenheit,

aber:
Finanzindustrie?
Hätten wir bei dem Schlagwort Finanzwirtschaft
Nicht schon hellhörig werden müssen?
Gut:
die Metallwirtschaft schafft die Voraussetzung
für die Metallindustrie,
die Holzwirtschaft jene für die Holzindustrie,
die Automobilindustrie erzeugt Autos,
die Textilwirtschaft legt die Grundlage
für die Textilindustrie,
die Pelzwirtschaft:
sie kostet vielen armen Tieren ihren Pelz
und das Leben,

die Finanzindustrie behauptet,
Derivate und Hedge Fonds

zu erzeugen,
das sind implodierende Luftblasen,
die viele Menschen um ihre Existenz
und das Leben bringen.
Alles klar?

Wien, Oktober 2012

Leben (Chakra 1)

Tief pulsierend und dunkelrot,
wumm, wumm, wumm, peng!
Herzschlaggleich holt es dich
aus dem grauen Nichts,
schleudert ins Licht.

Prickelnd und süß,
umgeben von Gischt
bricht der Wunsch auf nach Form
aus der innersten Norm.

Nebel

Der Nebel deckt die Wiesen zu,
die Gräser betten sich zur Ruh,
auf einsamen Pfaden wanderst Du,
beim Gehen drückt der rechte Schuh.
Die Schatten tauchen wieder auf
und spucken übers Land ihren giftigen Hauch....

Wien, 2012.10.23

Noch immer

Äonen von Leben ist es bereits her,
doch meine Seele liebt dich noch immer.
Mein Herz ist bleibend verletzt
und mein Kopf sagt mir,
dass ich Dir in diesem Leben niemals mehr
meine Liebe zeigen darf.

Juni 2012

Wann sonst?

Wann sonst,
wenn nicht jetzt
willst du dein Leben in den Griff bekommen?

Jetzt oder nie
wirst du Faules und Taubes
restlos beiseite räumen!

Steter Tropfen höhlt den Stein!
Deshalb hast du keine Zeit für Oberflächlichkeiten.

Auch wenn Geiz geil scheint,
kommt erst die Arbeit und dann das Spiel,
meinte die Mutter.

Trotzdem solltest du einen kühlen Kopf bewahren
und immer dran bleiben,
um dich selbst zu erkennen.

Nicht locker lassen
und nie und nimmer aufgeben
ist die Devise.

Für immer und ewig jung
und ein Reisender sein,
unnötigen Ballast hinter sich lassend
im Hier und Jetzt.

2013.06.17

Für meine Hündin Tara,
die uns am 30.06.2015 verlassen hat

Der erste Sommervollmond,
die Rosen verblüht.
Geißbart duftet süß und gelangweilt,
abendlicher Flirt, verweht vom Jasmin.
Augen groß, dunkel und rund,
Wimpern verhangen vom Blond schenken weiße
Sichelmonde
und betören noch immer,
seidiges Goldhaar, getragen mit Stolz alter Tage
schenktest Freude du mit Kunststück und Spielen.
Hast Kindern gezeigt den Umgang mit Tieren,
für Ordnung gesorgt unter anderen Hunden,
mich täglich begleitet auf Waldesrunden.
Es war an der Zeit für dich, mich zu verlassen,
geliebtes Mädchen, ich wollt es nicht fassen.
Nobel, auf Vollmondstrahlen bist du Nachtträume
gelaufen
und nicht mehr zurück zu mir, nach dem trüben
Geschnaufe.
Gebettet auf Rosen für ewige Tage
wirft Ligustertrauer betonschwere Mauern.
Du hast meine Liebe mit Dir auf Regenbogenwiesen,
dort singst du „sweet dreams" zu Hundeküssen.

2015.07.06

Wieviel Himmel braucht ein Land?

Wieviel Himmel braucht ein Land,
um weiter zu bestehen?
Wieviel Himmel braucht das Land,
um der Verblendung zu entgehen?

Wieviel Erde braucht ein Land,
um sie restlos zu ruinieren?
Wieviel Erde braucht das Land,
um mit Waffen zu imponieren?

Wieviel Wasser braucht ein Land,
um Dummheit wegzuspülen?
Wieviel Wasser braucht das Land,
um Fischleiber zu kühlen?

Wieviel Menschen braucht ein Land,
um durch Ausbeutung zu profitieren?
Wieviel Menschen braucht das Land,
um sich dagegen zu positionieren?

Wieviel Sklaven braucht ein Land,
um Firmen fett zu füttern?
Wieviel Helden braucht das Land,
um die Menschheit wach zu rütteln?

Wie viele Länder gab es schon,
die längst nicht mehr bestehen?
Die Erde riesengroß und rund,
die wird sich weiter drehen!

2013 08 07

Hammer

Als ich damals einen Hammer in die Hand bekam,
hämmerte ich auf Teufel komm raus!
Unermüdlich hämmerte ich am Abend.
Unermüdlich hämmerte ich am Morgen,
hinaus in die ganze Welt:
ich hämmerte Freiheit hinaus und die Warnung,
wie damit umzugehen sei!
Ich hämmerte die Liebe
hinaus zu meinen Schwestern
und Brüdern auf der ganzen Welt.
Als ich das Lied bekam, sang ich es
von früh bis spät.
Ich sang von der Freiheit,
die niemals auf Kosten anderer
bedient werden darf und
ich sang von der Liebe
zwischen allen Brüdern und Schwestern
auf dieser Welt.
Wer mein Lied hörte, der wusste.
Als ich die Glocke bekam,
ließ ich sie von morgens bis abends erklingen.
Sie erzählte von der Freiheit und der Liebe.
Und sie warnte vor den Dieben der Freiheit.
Die Kinder, die diesen Klang erfahren haben,
sind groß geworden.

Vielen ist die Freiheit unwichtig geworden.
Sie vergnügen sich bei billigen Spielen
und setzen ihrerseits Kinder in die Welt.
Aber:
Wenn nur eines von ihnen das Lied weiter singt,
dann ist das Hämmern, Singen und Klingen
nicht umsonst gewesen.

2013.08.14

Zeiten

Während der Sternenzeiten die Vorzeit
durchwandernd,
erfährst du Steinzeitkultur ohne Zeitenangabe.
Angebliche Zeitzeugen behaupten
über die Zeiten hinaus
dass das goldene Zeitalter ohne Kriege ablief.
Es gab die rechten Zeiten des heilsamen Rituals,
sowie die Zeiten des Gebens und Nehmens,
sodass Freude in den Herzen der Menschen
keimen konnte.

Leider haben wir heutzutage
weder Zeit noch Möglichkeit
um diesen Zeitabschnitt
tatsächlich zu prüfen.
Vieles wurde von der Eiszeit zugedeckt,
bis das Erz der Erde uns die
Eisenzeit bescherte.

Lange Winterzeiten und schlechte Erntezeiten
führten immer wieder zu Hungerszeiten.

Da nutzte keine noch so lange
Arbeitszeit auf den Feldern,
wenn die Ernte verdorrte oder durch Regenzeiten

ruiniert war,
und Feinde ins Land fielen, die nahmen,
was nicht mehr da war!

Heute, im Computerzeitalter, sollte man glauben,
hätten Zeitbomben und Kriegszeiten ausgedient.

Die Zeitenwende bedingt Virenschutz
im Zeitalter der Hacker und Internetspitzel,
wo Betriebsspionage und Cyberkriminalität
allzeit alles in die Auszeit lenken können.
2013.06.19.

Fragen

Wonach strebt das ganze Trachten in Tracht?
Welchen Einfluss hat die Tracht
auf die Fruchtbarkeit?
Wer trachtet in der Tracht tatkräftig danach,
rasch trächtig zu werden?

Ist Mann in Tracht trächtiger als ohne?
Ist Mann in einer besonders schönen Tracht
für die Trächtigkeit von Bedeutung?
Wozu ist eine trächtige Tracht manipulierbar?
Was hat die Tracht mit einem Prügel zu tun?
Mai! O, Mai!
Waun I nua wissat, wo mei Trachtenjanka is!

2014.02.24

Dort, wo die Bäume den Himmel berühren

Dort, wo die Bäume den Himmel berühren
und tanzen, im funkelnden Licht,
dort flattern die Gimpel im Hochzeitsglühen
bei Blaustern im zarten Moose.

Dort, wo die Bäume den Himmel berühren
und spielen mit Sonnenstrahlen,
dort gurren Waldtauben, bauen Nester hochkühn,
beim Bach blüht die wilde Rose.

Dort, wo die Bäume den Himmel berühren
mit Wolkenbauche Gekraule,
dort wächst das Innere still und fein,
wird hell und groß und strahlend.
Es fühlt die Liebe zu jedem Sein,
es spricht mit Pflanze, Tier und Stein.
Dort wandelt sich alles zum Einen.

2014.03.10

Kannst Du mir sagen...?

Kannst du mir sagen, was im Zuchthaus
gezüchtet wird?
Sind Intrige, Bestechung, Zorn und Einsamkeit
die betrüblichen Früchte?
Weniger trübsinnig scheint es im Laufhaus zu sein,
oder ist statt Lebenslust dort alles nur Schein?
Um Scheine geht es im Bankhaus
und nicht um Bänke,
hast du zu wenig Scheine, ergeben sich Ränke.
Da werden Summen gefunden, errungen,
bedungen, verschoben,
werden Töchter geboren, besungen,
ins Ausland gebracht
und über Nacht
mit ihnen Derivate gemacht.
Diese Töchter haben niemals ein Schulhaus gesehen,
sie können weder lesen noch schreiben,
denn es gibt sie zum Schein.
Jetzt frage ich mich: was züchtet ein Bänker,
sollte er zufällig im Zuchthaus Bruch landen?
Züchtet er Bethik oder Besserung,
belobt er Boral oder Binsen,
oder bekriegt er Banstand, Behre und ein Bewissen?

2014.04.14

Selig

Stille zwitschert sich in mein Bewusstsein,
unfassbar in Worte, macht sie sich breit.
Satt und zufrieden
tönt süß der Duft des Getreides.
Sanfte Wellen schwingen zum Blau,
benetzen die Sinne mit frischem Tau,
lassen das große Geheimnis erahnen.
Sie schenken Hoffnung auf selige Tage.

Salingstadt, 19.06.2014

Träumereien

Nimm mich mit in deine Träume
hast du gesagt.
Ich komme mit dir.

Die Wolkenallee gehe ich mit dir hinab,
überquere mit dir den See
des ewigen Lebens,
davon benetzt besteige ich mit dir
den Weltenbaum.
Wir verneigen uns vor
den drei Kostbarkeiten
und entzünden die sieben Lichter
aneinander.

Mir fehlen seit Tagen die Worte

Mir fehlen seit Tagen die Worte.
Mir fehlen die Worte, um zu sagen,
wie weh es mir tut.
Erschüttert sein, grausam, furchtbar, unmenschlich,
wahnsinnig, verblendet, bestialisch sein,
fällt mir ein.

Doch das alles drückt nicht aus,
wie diese ausgekotzten Eiterbeulen mörderisch
über andere hergefallen sind.
Dennoch:
Je ne suis pas Charlie! Nein.
Der Anspruch ist mir zu tief.

Ich finde es absolut nicht lustig,
Mohammed mit nacktem Arsch und Hängeeiern
zu zeigen. Was soll das bringen?
Über das Alter, Lehrer zu ärgern
hätten die Karikaturisten
schon hinaus gewachsen sein sollen.

Satire soll bewusst machen,
damit Veränderung eintreten kann.

Was sollte dieser nackte Arsch bewusst machen?

Soll er bewusst machen,
dass jene, denen Mohammed wichtig ist,
den anderen auf den Arsch gehen?

Wer glaubt wirklich, dass erzeugter Hass
Veränderung bringt?
War es ein Machtspiel?
Spielte man mit dem Bewusstsein der Massen?
Wohin spielte man es, wenn alle brüllen:
Je suis Charlie!

Laut rufe ich: „Freiheit und Demokratie!
Freiheit für Meinung und Wort!"

Doch ich fand immer,
dass die Toleranz dort endet,
wo andere schwer gekränkt werden.

Wenn andere unserer Meinung nach wehleidig sind,
dürfen sie dann verletzt werden?

Ist das die Freiheit?

Wo bleibt die Freiheit des guten Geschmacks?
Wo bleiben Respekt und Achtung im Umgang?

Gießen wir doch Öl ins Feuer und freuen wir uns,

dass es brennt!

Menschen sind gestorben.
Menschen sind gestorben aus Hass,
weil Hass erzeugt wurde,
weil Religiöses beleidigt wurde.

Hass zu erzeugen ist
ebenso bescheuert, wie Hass zu leben.
Vor allem: Wer an die Schöpfung mit Liebe glaubt,
weiß,
dass weder Hasser noch Rächer nötig sind!
Je ne suis pas Charlie,
mais je veux, que l'amour est
entre tous les hommes!
2015.10.14

Grün

Grün. So grün.
So grün, dass ich es schmecken kann.
So grün, dass es ein Genuss ist, zu riechen.
Grün, wie die ersten Blattspitzen, wie Bärlauch,
Blumenblätterspitzengrün
durch das Erdreich gebohrt
mit sanfter Gewalt.
Smaragdgrün, das mein Herz erreicht,
mit seinem Glanz entzückt,
den Puls rascher schlagen lässt vor Freude.
Grün, das meine Poren durchdringt
und mein Inneres klärt.
Ich lasse mich fallen ins grüne Bett,
schmecke Grün und singe Ewiges.

2015.04.13

Ich bin das Blatt

Ich bin das Blatt,
das im Winde schaukelt.
Ich bin der grüne Wind,
der dich kühlt.
Tautropfen bin ich am frühen Morgen,
das sanfte Glühen,
wenn die Nacht beginnt.
Ich bin die Melodie in deinen Träumen,
Goldlicht möchte ich in deinem Herzen sein.

2014.05.16

Strahlenfinger der Sonne

Gelobt sind die Strahlenfinger der Sonne,
die sich tastend durchs Dickicht im Tanze verlieren,
dann hüpfend und springend die Helle ausgießen
im Summen des Lebens gedeihen zur Wonne.

In deren Spiegel der Freude ertönt feiner Klang,
der Buchfink beruft sich
auf seine Kenntnis im Wald,
die Taube bestätigt gurrend seinen Gesang,
der Specht erprobt Percussion und Zither.

Das Blätterdach unter der Bläue erzittert,
zieht Blicke und Sehnen in die Weite hinauf,
ein Schwellen und Tosen, crescendo, erbebt dich,
ein Orgelschwall spült weiße Blüten zu Hauf.

Bekränzt wirbelst Du von Krone zu Krone,
die Füße, bewegt nur vom Rhythmus des Seins,
auf wolkigem Boden greifst Du nach den Sternen,
strahlst selbst, wie der schönste Edelstein.

2015.06.24

Kurze Liebe

Kurz war die Zeit unserer Liebe, gerade
ein paar Stunden lang.
Gerettet vor dem sicheren Tod
hab ich dir Schatten und Wasser geboten.
Um Nahrung habe ich mich für dich bemüht
und du hast mein Herz weit geöffnet.
Die Hitze des Tages haben wir
gemeinsam durch dauert.
Nebeneinander waren wir auf der Bettstatt
und träge waren unserer
beider Augen vor Müdigkeit.
Doch blinzelnd begegneten sich die Blicke
und hakten ineinander,
gaben die Seelen frei um ineinander zu tauchen.
Aus der Mattigkeit wuchs Vertrauen
und Du hast deinen Platz
auf meiner Schulter gefunden.
Vor Freude gelang es mir, dich zu ermutigen.
Und wirklich, kurze Flüge gelangen dir!
Im Inneren jubelte ich und sah dich mit Gefährten
hoch in den Lüften.
Am Abend wollte ich Gutes dir tun,
dich dorthin, aber weit weg
von der Straße zu bringen,
wo ich dich gefunden hatte, mein Täubchen.

Hoffte, dass du gesucht wirst
und deine Mutter dich nährt.
Vielleicht war es auch die Angst
der vorgegebenen Trennung.

Wasser wollte ich dir vorher nochmals geben
mit der Pipette.
Täubchen links am Arm, Rucksack mit Flasche
am Rücken,
da ist es doch weniger mühsam das Wasser
aus der Schüssel für Hunde zu nehmen,
dachte ich mir.
Merkwürdig blau war der Rand der Plastikröhre.
Im Fischbecken wusch ich sie aus
und kapierte nicht,
dass ich den Tod brachte.
Am Hang schon stecktest du plötzlich
dein Köpfchen in die Erde,
ein Taubenpaar schwirrte hoch, zog Kreise,
verschwand.
Auf den Felsen gesetzt,
hingst du dort wie gekreuzigt.
Konnte dich nicht allein lassen,
also nahm ich dich mit.
Köpfchen verdreht sich, hängt, Flügel verkrampft.
Wäre dein Tod auf der Straße ein besserer gewesen?
Habe ich Schlimmeres bewirkt, weil ich Schlimmes

verhindern wollte?
Verzeih mir, diese Zeilen
schrieb ich in Liebe für dich.

Kalkan, 24.07.2015

Du wunderbare Welt du

Du wunderbare Welt du,
mit deinen Geheimnissen und Zauberorten
wirst dich nicht entzaubern lassen von
hemmungslosen Toren,
die nicht erkennen können, was sie längst verloren.
Du wunderbare Welt du,
hast für alle Platz,
wenn jeder dort, wo er geboren,
zum Leben alles hat.
Wenn Waffen ganz verboten sind,
dann sind sie kein Geschäft.
Wenn Terror sich als absurd erkennt
und keine Stadt mehr brennt,
wenn Kinder nicht nach Erzen graben
damit sie Essen haben,
wenn der Profit sich selbst auffrisst,
und an sich selbst verreckt,
ja dann...
erleben wir den Zauber neu,
wie wunderbar, du Welt du bist.

Wien, 06.11.2015

Trommel

Nebelflüsse ohne Zaudern durchtauchen
und in Weisheit ertrinken.
Gefiltert cöelin blaue Obertöne erfahren
und tönen.
Auftauchen bei Sambaklängen
und die Trommel rühren
zum Erwachen.

2015.12.29

Zeitensprung

Den Zeitensprung wagen,
die Ängste ertragen.
Bangigkeit spüren,
sich trotzdem rühren.
Der Kälte trotzen,
die Dummheit anrotzen.
Mit Wärme lächeln,
Liebe entfesseln.

2015.12.29

Zertanzt

Die Schuhe der Liebe
zertanzt
in versäumter Hoffnung.
Verwandelt in glasklaren Sinn
nicht vergeudeter Emotionen.
Transformation ist angesagt,
um Freude auferstehen zu lassen.
Pulsierendes Erwachen
fühlen,
um den Freudenschrei des Seins
tönen zu lassen.

2015.12.30.

Yama

Als ich durch den Tod ging,
fand ich mich.
Tausend Namen gab mir Yama,
der Fürchterliche
und liebte mich.
Tausend Namen gab ich ihm
und nahm aufrichtig das Leid auf mich,
das mich zu ihm geführt hatte.
Auf dem Lichtstrahl der Wahrheit zu mir
und anderen wandelte ich hinfort
und versank in der Tiefe der Worte.

2015.04.14

Eins

Ob ich auf dieser oder jener Seite wandle,
hängt an einem hauchdünnen Faden.
Manchmal ist die Dauer des Augenblicks
nur ein Atemzug,
dann bist du drüben.
Ob dir das bewusst ist?
Ich kann mich bemerkbar machen,
wenn es mir noch wichtig ist.
Immer, wenn ich träume, kann ich
meine Liebsten besuchen,
solange, bis ich mich auch von ihnen lösen kann.
Ich streichle ihnen durchs Haar
und sie spüren mich
dann, wenn es soweit ist,
spüren sie mich so lange,
bis ich erkenne,
dass ich mich nicht sehnen brauche,
weil wir alle Eins sind.

Frühlings-Liebesreigen

Während der Frühlingswind kühl deine Lider streift,
trägt er dich fort über Wellen und Gräben.
Mit Sanftheit, die zart deine Seele ergreift,
trifft dein Blick auf gequälte Leiber.
Gesichter, die eben der Hölle entflohen,
doch noch immer bewohnt von den Seelen,
und trotz Vogelgezwitscher und Blütenschaum
hörst du sagen: „Die sollen verrecken!"
Du kannst es nicht glauben, es ist der alte Ton,
der Ton von Toren und Schwätzern!
Da greifst du nach den Wolken und rüttelst daran
und statt Schnee fallen silberne Glocken.
Die läuten so hell die Klarheit heran
und bringen die Dumpfheit zum Schweigen:
Sie klingen und schwingen und singen ganz laut:
Der Menschheit: den Liebesreigen!

Gesang der Muschelfrau

Sirenengleich sing ich dir,
wenn du erwachst,
ich flüstere vom Prinzip Hoffnung.
Im Erwachen meinst du,
es gäbe sie nicht,
dein Silberstreif bringt dir dein wahres Gesicht:
im meergrünen Blick träumst du
den küssenden Mund,
es ist nicht mehr ohne Bedeutung.
Ich sing dir vom Leben,
ich sing dir vom Tod,
mein Hauch durchstreift deine Haare.
Du erkennst das Woher,
und ahnst das Wohin
und erfasst die Magie der Spirale.

Bärlauchgrüne Stille

Bärlauchgrüne Stille.
Sanfter Sonnenschein wirft Schatten
zwischen Buchen.
Bärlauchgrüne Stille.
Specht und Drossel unterbrechen
stilles Rufen.
Bärlauchgrüne Stille.
Grasgrün Knoblauch schmecken.
Bärlauchgrüne Stille.
Beim Bach ein Krötenpaar entdecken.
Bärlauchgrüne Stille.
Das Grün des Waldes atmen.
Bärlauchgrüne Stille.
Auf nichts mehr warten.

Frühling

Weißer Blütenschaum überall,
draußen, auf den Zweigen,
die Sonne taut den Traum nicht weg.
Im Brautkleid, auf den Heiden,
aus Mondstrahl fein gewoben,
mit Perlmutt geschmückt
springst du dem Liebsten froh entzückt,
auf halbem Weg entgegen.
Magnolienduft betört den Sinn,
die Trommeln rufen Eile
und frischer Farn und grünes Blatt
jubeln zum Frühlingsreigen.
Wie regt sich große Freude da
in jedem zarten Herzen,
das noch die Fähigkeit besitzt
zu sehen: das Wunder Leben.

2016.03.29

Prüfung

Goldene Ringe
verschließen die Lippen.
Der Schrei reißt trotzdem
jenen die Blindheit von den Augen,
die weiter vorgeben, nichts zu sehen.
In Lieblosigkeit taumeln sie dem Abgrund entgegen,
von den Ängsten gezeichnet, aus denen sie sich
zu befreien versuchen.
Prüfe, wo du stehst
und bestehe die Prüfung!

2016.03.29

Gefahrenzone

Ich fürchte mich
vor dem Unheil
der kleinen Lichter.
Nicht für mich fürchte ich mich.

Ich fürchte
das drohende Unheil
für unser Land, wo die Dummen sich
zur Schlachtbank führen lassen,
schadenfroh grinsend,
ob Ertrinkender im Meer,
nicht ahnend die eigene Gefahrenzone.
Unwissend, ob sie im Blut anderer
ertrinken müssen.

2016.04.27

Unter meinen Füßen bebt die Zeit

Unter meinen Füßen bebt die Zeit,
es bläut die alten Krusten.
Scham und Schande quillt hervor
umnebelt die Sinne vieler.
Der Sprung vom Rand der Welt wird reif,
die Brust, gequält vom Husten.
Die Lüfte tragen mich empor,
ich sehe mich als Sieger.
Ganz klein die Welt, mein Blick ganz weit,
auf Wolken kann ich pusten,
sind Leid und Gram auch groß geworden,
ich komme dennoch wieder.
Ich komme wieder, es wird Zeit,
das Fest des großen Wachens,
Erkenntnis droht den Marionetten,
und endlos langes Lachen.

Istanbul

Du Goldene, Du,
von fröhlichen Klängen begleitet,
in Düfte von Zimt und Yasmin gehüllt,
mit Freude und Tränen erfüllt.
Viele haben versucht
Dich zu beherrschen.
Von Flöten und Zimbeln begleitet,
granatapfelrot,
nicht abtreten wollte Theodora,
Justinians Gottesgeschenk.
Macht ist ein köstliches Leichentuch,
meinte sie, und ließ Tausende morden
beim Nika Aufstand,
und blieb weiter Kaiserin im Land.
Traumhaft schön hat Sinan, der Baumeister,
die Hagia Sophia ergänzt mit Minaretten,
wo Katzen sich heutzutage,
wohlig im Inneren, im Licht der Scheinwerfer,
vor Touristen räkeln.
Die Blaue Moschee allerdings
wird im Hof von Hunden benutzt,
die sich im Schatten der Arkaden
von der Hitze erholen,
während drinnen kühlblaue Sternmandalas
die Betenden in die Stille zurück holen.

Osmanenfürsten
haben widrige Thronanwärter
auf den Prinzeninseln entsorgt,
und Konstantine und Justiniane
haben sich kurzfristig die Macht geborgt.
Europas Kunst hast Du Posporus-Schöne
genährt,
viele Künstler haben von Deiner Pracht
gezehrt.
In der Kühle des Bazars
Besucher klaglos versinken,
versinken in Farben, Gerüchen, Klängen,
ausgeliefert den Sinnen,
um draußen, am Meydan rote Massen zu finden,
putschverängstigt gleich Hühnern,
und den Fuchs nicht erkennend.
2016.09.09

Morgen in Umag

Tiefe Weite zersplittert glasklare Nächte.
Blauer Dunst schmeckt die salzige Luft.
Durchatmen bis in die weiteste Ferne hin,
den Strich im Blau erreichen.
Strahlenfinger ertasten die Mole,
plötzlich bepinselt in sanft leuchtendem Gold.
Orange vor Smaragdgrün,
Schatten lang und schmal,
greifen sie über rote Erde hinein
ins Rauschen der Wellen.

August 2016

Brutpflegetrieb

Brutpflegetrieb wieder gefragt?
Um welchen Preis, das wird nicht gesagt!
Na, klar, wir sparen Kindergartenplätze,
natürlich auch Frauenhäuser, wegen neuer Gesetze.
Denn Frauen verprügeln, das machen die anderen,
unsere Männer doch nicht, die leben den Standard!
Die Vergewaltiger, das sind die Muslime,
was hinter unseren Wänden passiert,
darüber spricht nie wer.
Deshalb werden auch unsere Frauen geschützt,
und werden auch nicht mehr ausgenützt
von fremden Dienstgebern, egal welcher Klasse.
Wenn die Frauen daheim sind, stimmt unsere Kasse,
denn die Arbeitsplätze gehören den Männern,
Arbeitslosigkeit wird zum Thema von gestern.
Die Mütter ehren, das wird wieder cool,
für das Mutterkreuz kommt ein neues Tool!
Ein App für fleißigen Familienzuwachs,
und Applaus für jede durchwachte Nacht.
Das Volk braucht Soldaten, es fühlt sich bedroht.
Soldat sein bedeutet häufig den sicheren Tod.

2016.11.24

Sich selbst nur im Leiden verspüren

Die Tränen deiner Missgeschicke
in Banalitäten versandet,
verwandelt und immer wieder versucht,
und nicht gehandelt.
Unverändert mit dem Schicksal gehadert.
Mit Scheuklappen Fremdes ungesehen gemacht
den eigenen Körper missachtet,
Zeugnisse der eigenen Unfähigkeit verbrannt
und zunichte gemacht.
Lodernd, aber tatenlos dem eigenen Verfall
zugesehen
und helfende Hände nicht ergriffen
um weiter leiden zu können.
Sich selbst nur im Leiden verspüren
um Zuwendung zu erfahren,
Angst verbreiten, Erpressung, um jede Entwicklung
zu stoppen.
Wann wirst auch Du endlich aus deinem Schatten
hervor gehen?

Wien, 2016.01.12

Was liegt uns am Legen?

War man verlegen,
als man die Wahrheit verlegt hat?
Wir legen die neuesten Meldungen beiseite.
Flüchtlingselend.
Flüchtlingskriminalität.
Flüchtlingstraumata.
Wer ist der Wahrheit erlegen?
Legehennen dürfen aufgrund der Vogelgrippe
den Stall nicht verlassen.
Sie legen sich selbst ein Ei.
Und: wovon sind Asylsuchende bedroht?

2017.03.07

Zwei

Zwei
verschmelzen zu Einem,
wenigstens einen kurzen Augenblick lang.
Vertrauen finden,
um über die große Hängebrücke
sich gemeinsam hinüber zu wagen,
ohne Blick nach unten.
Hüpfen und springen,
wenn es sein kann, tanzen und fliegen,
lachend ankommen im ewigen Sein.
Wenigstens den einen kurzen Augenblick lang,
den Glanz der Ewigkeit fühlen.

Wien, 2017.06.27

Wege

Einen Weg finden aus dem Ausweg.
Ausweglos ist gar nichts.
Ein Weg.
Einen Weg gibt es immer.
Einweg und Ausweg
untrennbar miteinander verbunden,
ebenso wie Ursache und Wirkung.

2017.07.27

Wald

Technikkritisch die Natur lieben.
Im Sternenmoos vergessen liegen.
Den Häher aufspüren, über Pilze stolpern,
sie heimwärts führen.
Steile Wege erklimmen und Gipfel bezwingen,
im Schweiß gebadet sich glücklich fühlen,
Wald, der noch da ist!
Johanniskraut blüht hier noch zuletzt,
die Königskerze leuchtet bis hinein in den Herbst.

Und der Wind säuselt zärtlich den magischen Gruß.

Die Nachtigall singt in den Tag und zur Nacht,
dir, meine Liebste, mit Blüten und Pracht,
sing mit mir, schon strahlt das erlösende Licht,
verdrängt das Dunkel und Grauen der Nacht.

Alpl, 6.August 2017

Grüner Samt

Grüner Samt unter meinen Sohlen,
flötet mir Vivaldi ins Bewusstsein.
Ein Baumstamm umarmt mich,
mit tiefem Seufzen erzählt er seine Sorgen.
Stadtfüchse darf man wegen Platzmangels
nicht umsiedeln.
Trotzdem siedeln mehr und mehr Pflanzen
in den Ritzen des Asphalts.

2017.08.24

Liebe ist

Ein vertrautes Lächeln,
ein zartes Berühren,
ein strahlendes „Danke".
Liebe ist:
Ein Vogelschlag Freiheit,
ein „Ja" ohne Feigheit,
ein Tanz ohne Ballkleid.
Liebe ist:
Ein Blick in den Brunnen,
durch Welten verbunden,
manchmal auch Kummer.
Liebe ist:
Ein tiefes Verstehen,
bedingungslos Geben,
keine Erwartungen hegen.
Liebe ist.

2017.08.24

Über die Wahrheit

So wahr ich die Wahrheit sage,
so ist sie dennoch unfassbar.
Sie spannt sich wie ein Regenbogen
über das Tal,
wie ein störrischer Esel galoppiert sie davon,
eisvogelblau umschwirrt sie dein Gewissen
und stürzt sich mit dem Wasserfall tief hinab
in die Schluchten deiner Unwissenheit.
Sie dreht und wendet sich in unseren Köpfen,
beteuert zutiefst ihre Ehrlichkeit
und vergisst sich lachend in Stürmen
der Heiterkeit.

2017.08.28

Goldene Schmetterlinge

Goldene Schmetterlinge tanzen von den Ästen,
bald zeigt sich mancher Baum ganz schamlos,
nackt.
Das bunte Laub zeigt fröhlich freche Farben,
dass es bald kalt wird, habe ich bedacht.
Doch späte Wärme gönnt mir solche Wonne,
dass jedes Blatt mir tausend Freuden schenkt.
Der blaue Himmel lenkt mich sanft in Bahnen,
dass jede Zelle still vibriert vor Glück.
Wie dankbar bin ich für so schöne Tage,
auch wenn es frostig wird und bitter kalt.
Wenn Luren schaurig klingen durch die Nächte,
so weiß ich, dass mein Herz wird niemals hart.

2017.10.17

Windtanz

Goldfäden in Windtanz auf gesponnenen
Sonnenstrahlen
gefangen.
Geblendet schließt der Bussard die Augen,
gerettet auf einem
dunklen Ast.
Beim Bienenstock herrscht heftiges Treiben.
Die Drohnen werden noch vor dem Winter besiegt.
Sieg über das Leben anderer.
Siegen um das eigene Leben zu retten.
Für einige Zeit.

2017.10.18

Schau, schau, schau dich an

Schau, schau, schau dich an,
wenn du das noch kannst!
Du schaust Kindern beim Ertrinken zu,
ach sollen die doch krepieren!
Schleckst Himbeereis und freust dich dann,
wenn Lehrlinge müssen nach Afghanistan,
begrüßt dort von den Taliban,
um ihr Leben zu verlieren.

Schau, schau, schau dich an,
wenn du das noch kannst!
Frauen brauchen jetzt keinen Schutz,
das Frauenhaus sperrt zu.
Wenn, dann vergewaltigt von den eignen Herrn,
Kindergeld kriegen die Reichen nur.
Der Armen Kinder, ja die brauchen nix,
wir wollen eine neue Proletenschicht,
das ist die neue Trendwende, wer mich fragt:
das Sozialstaat-Ende!
Schau, schau, schau dich an,
wenn du das noch kannst!
Übrigens: Es gibt noch Spiegel!

2018.07.23

Traum

Und er hielt mich geborgen und er liebte mich sehr,
und wir lachten und sprachen und sangen.
Und ich hielt ihn am Arm und ich liebte ihn sehr,
und wir lachten und sprachen und gingen.
Und wir hielten einander und wir liebten gar sehr,
und wir sprachen und lachten und klangen.
Und der Klang erfüllte ganz süß den Raum,
zart dufteten Moschus und Flieder.
Und wir gingen nicht mehr, sondern
schwebten empor,
alter Zauber wirkt Neues hervor.
Die Unendlichkeit, Geliebter, ruht jetzt in mir,
mit Wort und mit Klang tief in dir.
Ich erwachte am Morgen, war alles nur Traum?
Das Gefühl ruht noch immer in mir.

2018.08.08

Für Esra Al Ghamgam

Schwester Du,
Siegeszeichen in der Hand,
mit verhülltem Haupt,
liebevolle Augen aus dem Jenseits,
Seelenumarmung.
Auch, wenn Dein Haupt durch Männerherrschaft,
Fundamentalismus,
durch Frauenhass
und verkrustete, patriarchale Strukturen
gefallen ist,
stehst Du wieder auf,
schöne Freundin aus Arabien.
Du stehst wieder auf, bis alle Männer auf
Augenhöhe zu Dir stehen,
bis altertümelnder Schwachsinn,
statt kluger Frauen,
für immer begraben ist.

2018.08.28

Schwüle

Bleiern duckt sich das Meer
vor dem Sprung,
täuscht mit sanftem Schaukeln der Boote.
Schwüle drückt deine Sinne
und verlockt zur Trägheit.
Dennoch, sei wachsam!
Wenn sich der Sturm aus den dunklen Himmeln
hervor wagt,
gibt es kein Halten.

Umag, 31.08.2018

Masten

Masten kreisen mich ein,
Masten, keine Bäume sind es,
die mit lieblichem Rauschen berühren.
Masten, die Kommunikation verstrahlen,
damit wir find bar sind,
als ob wir verloren.
Auffindbar, um zu wissen, wie bar wir sind,
bar jedes Denkens erwünscht!
Bare Kassen, doch nicht bar vieler Wünsche,
erzeugt durch verstrahlte Kommunikation.
Auffindbar, um zu wissen, ob freie Gedanken
noch schwirren,
nicht brauchen sie mehr zu raten.
Masten, bedrohlich in enger Umgebung,
durchleuchtende Energie für jeden und alles,
durchbrechend jedes Tabu der Intimität,
zum Verbrechen an der Menschlichkeit
bestens geeignet.

Februar 2019

Die Zeit, dass ich gehe

Ach Mutter, warum wendest du das Gesicht,
ach Mutter, weißt du es denn nicht,
ach Mutter, noch ist lang nicht die Zeit,
die Zeit, dass ich gehe, die ist noch weit.
Und wenn du dann kommst,
in seinem Kostüm,
dann tanze ich, tanze ganz ungestüm,
zuerst einen Walzer, dann einen Foxtrott,
einen Boogie, einen Samba,
bis er nicht mehr kann.
Dann reite ich auf seinem schwarzen Hengst,
und reite viel weiter,
als du denkst.
Ich reite in ein kommendes Leben hinein,
um neuen Menschen Helfer zu sein.

Security

Fühle ich mich mit Security sicher?

Mit Security bin ich sicher.

Sicher wovor?

Das heißt, ich bin erst mit Security sicher.

Bin ich ohne Security unsicher.

Will mir die Security beweisen,

dass ich unsicher bin?

Wie unsicher bin ich?

Welche cure, heilt die Security?

Ist es die Heilung von Unsicherheit?

Die Security will mir beweisen, dass ich nur mit
Security sicher bin.

Die Security will mir ihre Notwendigkeit beweisen.

Ist die Security wirklich sicher?

Oder, bin ich ohne Security sicherer?

Sicher. Sicher wovor?

Wien, 22.03.2019

Schwarze Rosen

Schwarze, getrocknete Rosen
werfen Schatten auf graue Mauern.
Scherenschnitte
unverbesserlicher Träumer.
Die herum streifende Muse
malt die Augen des Träumenden,
malt den Duft der Rosen,
malt das Lachen der Liebenden
für die Ewigkeit.
2019.05.10

Stefanskraut

Staphisagria
Du holst die Steine hervor,
die tiefe Wunden schlugen.
Demütigung und Schmerz,
Kränkung und Ärger
quetscht du erneut hervor aus dem bequem
gewordenen Grau,
holst es hervor mit quälender Not
und zeigst dem Spiegel
die Schnittstellen zur Heilung.

2019.06.04

Kastanienbaum

Mit ausgebreiteten Armen stehst du da,
mein Zauberbaum, Kastanie.
Mit vielerlei Gesichtern blickst du mich an,
zeigst du Zukunft? Zeigst du Vergangenheit?
Bist Alter und Faun,
bist Clown und Traum,
bist Tara und Farah.
Im geheimnisvollen Glühen
zeigst du dein magisches Grün,
alle begrüßen mich,
sie alle kenne ich.
Zeigen mir Wandel in Einheit.
Unter deinem Dach,
keimst du jedes Jahr hundertfach.

2019.07.23

Ein junger Mann

Eben erst fünfundzwanzig.
Integriert. Beliebt.
Hatte Arbeit.
Wollte leben.
Hier nicht, bestimmten die Schergen.
Zurück, nach Kabul mit dir,
auch wenn dich der Tod erwartet,
uns doch egal!

Aus Angst vor den Qualen dort,
schenkte er sich dem schwarzen Engel.
Die Afghanen, die Schwarzen, alle gleich.
Wirtschaftsflüchtlinge.
Nicht arbeiten, aber unsere Frauen vögeln,
das wollen sie.
Nicht mit uns.
Das erledigen wir schon allein:
Wir haben unsere Krenns und Fritzls
und viele andere auch noch.
Jedes vierte Mädchen vergewaltigt,
großteils in der eigenen Familie.

Aber auch kleine Buben vernaschen gehört dazu.
Dafür tragen wir das Kreuz sehr hoch
und schreien unser Pseudo-Christentum vor uns her.

Und loben gemeinsam mit ehrlosen Menschen
unsere hohe Kultur, die tun, als
hätten sie in der Schule
das Fach Geschichte versäumt.

2018.06.27

Goldstaub

Goldstaub tanzt durch die Luft,
die Äste, sie leeren sich.
Das restliche Gold-Orange es flirrt noch
ganz oben.
Goldmarie was not here,
hat sich in Nichtexistenz aufgelöst
oder war nie hier.
Alle Bedingtheiten lösen sich,
das Zeitliche gibt es nicht wirklich.
Und doch wird sie da sein,
das nächste Mal.
Das Rad der Leere dreht sich.

Okt. 1990

Wenn Worte zu Messer werden

Ich wusste nicht mehr,
wie es ist,
wenn Worte zu Messern werden.

Ich wusste nicht mehr,
wie es ist,
wenn der Schmerz
auf wilden Pferden
mit mir
davon galoppiert,
mir Schmerz und Tränen entlockt
und feurige Glut.

Ich wusste nicht mehr,
wie es ist...
2009.11.30

Abschied

Der Abschied hängt lang schon im Haar,
auch das Zerren des Windes
kann ihn nicht nehmen.
Nicht mehr ganz hier,
den Blütenduft voll im Bewusstsein
und auch noch nicht dort,
wo kein Rauschen des Meeres in mich dringt.
Ein letzter Genuss der strömenden Wärme,
der Bläue von Himmel und Meer,
der salzigen Brise,
und morgen dann: Ciao.

Fliegen

Schweben möchte ich mit dir,
du silberner Vogel,
ferne Länder will ich sehen.

Abheben möchte ich
und gleiten
über Wolkenmeere,
über Berge und Täler
will ich fliegen.

Dort oben möchte ich
der Sonne entgegen gleiten
und nach der Landung
ihr Strahlen stark fühlen
in mir.

Hauch

Die Freude auf 's Meer mit Wind auf salziger Haut.
Lebendigkeit fühlen, des Blütendufts reinen Hauch.
Ob Jasmin es ist, Brauchtum der Liebe
und Freundschaft?
Oder Rosen und Veilchen, Brautstrauß
nie welkender Eintracht?

Und ist kein Du da für mich,
dann schenk ich alles mir selbst:
den Hauch, den Duft, das Licht,
Gefunkel des Steins...
Aber tausendmal lieber ist es mir,
es ist alles auch Deins.

Unter der Haut

Ich trag dich unter der Haut
wohin ich auch gehe.
Du bist meinem Herzen so nah,
näher als das Hemd,
bestückt mit deinem Geruch,
das ich trage,
Simulation deiner Nähe.
I've got you under my skin.

Verwirrung

Du hast dich unter meine Haut verirrt
und mich verwirrt.

Was soll ich jetzt tun?

Dich fortschicken reicht bei weitem nicht aus,
denn du bist nicht da.
Trotzdem bist du in meiner Nähe
und erfüllst mich mit Trauer.

Ich soll dich in meine Träume mitnehmen,
hast du gesagt.
Dich mit ins Bett zu nehmen, war schon zu viel.

Also trage ich meine Haut in die Reinigung
und schreibe:
get out of my life!

Lied

Ich will wieder fröhlich sein,
ich will wieder fröhlich sein,
ich will wieder fröhlich sein und leben.

Sterben hat man mich nicht lassen,
Leben heißt mein Gewinn,
ich flackere als ein Grablicht im Regen,
als helle Flamme
will ich erstehen.

Ich will wieder fröhlich sein,
ich will wieder fröhlich sein,
ich will wieder fröhlich sein und leben.

Liebe, Wärme. Geborgenheit,
was ist so abnormal,
mein Vater war der erste Mann,
der mir das alles nahm.

1981

War Fritzl ein Muslim?

War Fritzl ein Muslim?
Trotzdem hat er seine Tochter jahrelang
missbraucht.
Kardinal Groer, vertrat er den Islam?
Nach seinen Untaten bei
den Nazarethschwestern gelandet,
hat er sich unsittlich an Knaben vergangen.
Was hatte Priklopil mit dem Islam zu tun?
Trotzdem hat er die kleine Natascha
in sein Auto gezerrt,
hielt sie jahrelang gefangen und nötigte sie.
320 Fälle von Missbrauch und eine
Wien-Kommission
gab es in der katholischen Kirche.
Der Papst laisierte Priester
wegen Kindesmissbrauchs.
Waren sie Christen?
Priester und Lehrer des Regensburger Bistums
haben mindestens 231 Kinder misshandelt,
das geht aus einem Zwischenbericht zur
Aufklärung der Vorfälle
bei dem Domspatzen-Chor hervor.
Ich frage mich: warum versendet man Videos
mit Imamen,
die Kinder küssen und beschuldigt diese

der Pädophilie?
Warum will man nicht verstehen, dass es überall
Männer gibt,
die ihrem Geschlecht keine Ehre machen?
Warum wehren wir uns nicht gemeinsam gegen sie?

Chakrengedichte:

Sehnsucht

Sehnsucht!
Berührung!
Zinnoberklang und Trommelgesang!
Lianenarme umschlingen den Leib,
Kraft, die dich treibt
Rhythmus im Blut,
Tief drinnen ist Glut
Vergessen im Licht
Verströmen im Du.
Erleben der Heiligkeit
In tiefster Seligkeit.

Sonnenscheingelb

Sonnenscheingelb im wogenden Feld,
Wind, der die Halme zu Wellen bewegt.
Sorge und Bangnis verwehen den Hauch,
Du strahlst aus der Mitte,
Fühlst Stärke im Bauch.
Fühlst Stärke und Kraft,
Gewebt mit der Macht,
Es liegt einzig an Dir, wie Du sie entfachst.

Grün

Grüne Seide,
Knisternd und fein,
Jede Pore gestreichelt
Vom Blätterhauch rein.
Ein Weben und Beben,
Entstehen und Streben,
Ein Heben und Geben,
Etwas Neues wird frei.
Das Freisein zum Fühlen
Vermittelt die Kraft,
Die Fülle des Daseins
Wird mit Liebe vollbracht.

Blauer Kristall

Blauer Kristall,
Funkelnd und klar
Brichst du planetenverwandt
Aus in den Klang,
Wandelst das Grobe
In hauchzarte Webe,
Zauberst aus Trübsinn
Azurblaue Triebe.
Baust Schlingen und Netze,
Um darin zu fangen
Uraltes Treiben und unnötig Bangen.
Die Laute sammeln sich zu singendem Wort,
Die Reise zum Du gelingt jetzt sofort.

2013.08.07

Chakra Violett

Amethyst, du herrlicher Stein,
Zeigst mir das Wissen von Leben und Sein.
Trägst mich zu Ewigkeiten hin,
Eröffnest mir, wer ich wirklich bin.
Zeigst mir Leben, in denen ich war,
Und kommende, vielleicht ohne Zahl.
Warnst mich vor Neid, Missgunst und Zorn,
Spielst süße Melodien auf dem Wunderhorn.
Erzählst von Höllen, die in uns toben,
Doch auch von Lichtwesen, dort oben,
Die uns voran gehen durch Leben und Tod,
Ins neue Leben, wo uns das Licht dann einholt.

2015.06.24

Klarheit

Der Lichtstrahl von oben dringt tief in dich ein,
Der Himmel klingt glasklar, silbern und rein!
Die Reinheit der Lichter,
Sie flimmert und singt,
Vom Strömen der Liebe,
Die alles durchdringt.

2013.08.06

Lichterherz

Am Boden vor mir
liegt ein Herz aus Licht.
Ich suche die Quelle
und finde sie nicht.
Herz,
aus dem Schatten entstanden,
aus Licht gehaucht,
liegst du mir zu Füßen
und bist mir vertraut.
Herz-Schatten,
Herz aus Schatten,
Schattenherz,
Herz-Licht,
Herz aus Licht,
herzlichst
Lichtherz.
Du offenbarst Dich.

2. August 2007, Spaziergang bei der Burg Liechtenstein

Nachwort

Die Gedichte von Sonja Henisch zeichnen sich durch eine Naturliebe aus, die nicht aus konservativen Impulsen heraus gespeist ist, sondern tiefer wurzelt. Der Quell liegt gleichzeitig in der Erde wie in den himmlischen Sphären.

Bemerkenswert ist Henischs Betonung des weiblichen Prinzips. Ihre Ansprache der Mondin als ursprünglich weibliche Energie, die vom Patriarchat – nach dessen Machtübernahme – umgedeutet wurde, verweist auf das Wesen unserer Existenz, ja auf die Ursprünge des Daseins selbst.

Verstünde die heutige Zeit die heilende Kraft der Weiblichkeit ihrer Poesie, die nichts mit Schwäche und Unterlegenheit sondern Zartheit, Schwesterlichkeit und Inklusion zu tun hat, läge eine schönere, reifere, lebenswertere Welt in Reichweite.

Henisch lässt es sich nicht nehmen, ihre Stimme gegen aktuelle Missstände in Gesellschaft und Politik zu erheben, wobei die Anlassfälle spätestens an der Datierung erkennbar werden. Nie knirscht aus ihrer Lyrik Zynismus, unterdrückte Wut oder Weltverneinung. Sie ist offenkundig zornig, wenn sie Ungerechtigkeiten beklagt, aufklärerisch, wo sie gegen Islamophobie wettert, hart, wo in unserer Gesellschaft gerne die eigenen Unzulänglichkeiten auf Randgruppen projiziert werden. Doch sogar dabei blitzt immer ein Strahl des himmlischen Lichtes durchs Gewölk.

Die Absicht, ihre rein politischen und eher ganzheitlichen Gedichte durcheinandergewirbelt zu veröffentlich, folgt der Einsicht, dass beides zueinander gehört, wie die Welt und ihre menschlichen Belange zum Himmel und den ewigen Wahrheiten.

Manfred Stangl

INHALT

Für meine Tochter 4
Prophetinnen 5
La Belle De Nuit 7
Niagara Fälle 9
Raubzeug 12
Ich bin, wo ich bin 13
Ewigkeiten und
das Herz ist voll Leben 14
Für eine Freundin
an einem großen See 15
Du bist nicht mehr 16
Herbstgedicht 17
Meine Kindheit 18
Muschel bin ich 19
Niemals 20
Schmetterlinge 21
September oder:
lila Sterne 22
Windtanz 23
Wir Kinder dieser Erde 24
Wo all die Blumen waren,
als es geschah 25
Woher 27
Zaubergesang 28
Drehen 29
Idol 31
Blau, so blau 34
Das unendlich Böse 35
Deine Worte 37
Gedanken im Vorschlaf 38
Graue Wolken 39
Lauschen 40
Nebenan 41
Wahnen 42
Begegnung 43
Blaue Flecken 44
Erinnerung 45
Für Genro 46
Geil gegeizt 47
Kalte Sommertage 48
Lobauer Herbstgedicht 49
Zu - pflastern 50
Reis 51
Sarajewo 52
Sucht! 53
Eile 55
Leopold 56
Zettelchen 58
Finanzindustrie 59
Leben (Chakra1) 61
Nebel 62
Noch immer 63
Wann sonst? 64
Für meine Hündin Tara 66
Wieviel Himmel
braucht ein Land? 67
Hammer 69
Zeiten 71
Fragen 73
Dort, wo die Bäume
den Himmel berühren 74
Kannst Du mir sagen...? 75
Selig 76
Träumereien 77

Mir fehlen seit Tagen die Worte	78	Windtanz	113
Grün	81	Schau, schau dich an	114
Ich bin das Blatt	82	Traum	115
Strahlenfinger der Sonne	83	Für Esra Al Ghamgam	116
Kurze Liebe	84	Schwüle	117
Du wunderbare Welt du	87	Masten	118
Trommel	88	Die Zeit, dass ich gehe	119
Zeitensprung	89	Security	120
Zertanzt	90	Schwarze Rosen	121
Yama	91	Stefanskraut	122
Eins	92	Kastanienbaum	123
Frühlings-Liebesreigen	93	Ein junger Mann	124
Gesang der Muschelfrau	94	Goldstaub	126
Bärlauchgrüne Stille	95	Wenn Worte zu Messer werden	127
Frühling	96	Abschied	128
Prüfung	97	Fliegen	129
Gefahrenzone	98	Hauch	130
Unter meinen Füßen bebt die Zeit	99	Unter der Haut	131
Istanbul	100	Verwirrung	132
Morgen in Umag	102	Lied	133
Brutpflegetrieb	103	War Fritzl ein Muslim?	134
Sich selbst nur im Leiden verspüren	104		
Was liegt uns am Legen?	105		
Zwei	106		
Wege	107		
Wald	108		
Grüner Samt	109		
Liebe ist	110		
Über die Wahrheit	111		
Goldene Schmetterlinge	112		

Chakrengedichte:

Sehnsucht	136
Sonnenscheingelb	137
Grün	138
Blauer Kristall	139
Chakra Violett	140
Klarheit	141
Lichterherz	142
Nachwort	144

Mag. Sonja Henisch

Sonja Henisch ist in Wien geboren und aufgewachsen und hatte schon sehr früh künstlerische Ambitionen.
Diplom. Päd. mit Schwerpunkt Montessori Pädagogik.
Nach dem Abschluss des Studiums an der Hochschule für angewandte Kunst folgten Ausstellungen im In- und Ausland.
Kindertheaterstücke gaben den Impuls zum Schreiben. Auszeichnung im Rahmen von Multikids für das Stück „Regentrude" nach Th. Storm.
Henisch schreibt Romane, Kurzgeschichten und Lyrik. Der Roman „Die Wogen der Drina" ist 2012 erschienen. 2014 folgt „Theodora oder die Quadratur des Seins", beide Verlag Bibliothek der Provinz. Veröffentlichungen in diversen Anthologien, wie „Ungehaltene Rede" der Kulturinitiative Klopfzeichen, „Wortkörper" des Österr. Pen Klubs, „Funkhaus Anthologie", „Barmherzig" im Rahmen von Anima Incognita Kulturverein, „Pappelstimmen" der edition sonne und mond, Festschrift IG. Autoren,...
Henisch ist Mitglied des Österreichischen PEN Klubs, Redakteurin und Mitarbeiterin der Literatur- und Kunstzeitschrift Pappelblatt, Mitglied bei IG Autoren, Mitglied bei www.kunst:projekte und Mitglied beim Berufsverband bildender Künstler.

sonne & mond

Die Gesänge der Gräser entführen uns in eine sachte, poetische Welt. Eine Welt voll Magie und Staunen, Schönheit und Lebendigkeit. Der zerrissenen und schrillen Gegenwart wird eine Art des Seins gegenübergestellt, in der es sich nicht nur für Dichter und Feen erfüllt leben lässt. Aus der Gewissheit der Beglückung heraus erfolgen die Klagen von Mutter Erde und der Nacht an eine sinistere, gierig gewordene, weltverschlingende Menschheit – und die Warnung vor dem jähen Ende.

Manfred Stangl:
„Gesänge der Gräser"

edition sonne und mond,
ISBN: 978-3-9504897-0-5
2019, 112 S, 12,30 €

erhältlich unter
bestellungen@sonneundmond.at

Wenn/das Licht/schwächer wird/kehrt das Meer/in mir/zurück//Knie über/Knöchel/ stirngetaucht/ Brandung mein Atem/lebendig/bis/zum/Horizont In den Raum jenseits des Reichs der kahlen Vernunft entführt uns Ulli B. Laimers Lyrik. Selbst wenn manches schattig, fraglich und fragil erscheint, weiden ihre Verse uns auf Oasen sprießend saftigen Lebens, voll all der Schattierungen von Grün. Einhörner, Drachen, Waldgeister, Wölfe, Mond und Sonne, eine mütterliche Erde bevölkern ihre Gedichtlandschaften – von dort winken sie uns, auf dass wir über die zitternde Hängebrücke eilen, in der Anderswelt zumindest mit unserer Seele zu leben, Seite an Seite mit der glückvollen Phantasie.

Ulli B. Laimer:
„Sympathie für Faune"

edition sonne und mond,
ISBN: 978-3-9503442-5-7
2018, brosch., 64 S, 7.- €

erhältlich unter
bestellungen@sonneundmond.at

„Irgendwo ein Haus aus Lehm/ den ich aus Träumen hob"... Die Schönheit der Bildsprache Jonathan Perrys steht quer zur gewohnten Gegenwartslyrik, die vor Hässlichkeit, Nonsens, Negativschmalz und Verfallshysterie nur so dahin trieft. Mond und Sonne scheinen auf den leisen, verschlungenen Pfaden, auf denen seine Sprache mäandert. Einer Sprache, welche der modernen Angekränkeltheit und Dekadenz wohltuend entbehrt.„der Bachstelze gleich/über den Fluss/schwingt sich mein Blick/ans Ufer/wie sie/beginnt/vor Freude zu wippen –/wie ich!"

Mit einem Becher Süßholzlikör

v. Jonathan Perry edition sonne und mond, 2019;
Paperback, 88 Seiten;
ISBN: 978-3-950344-8-8,
Preis: 8,1o €

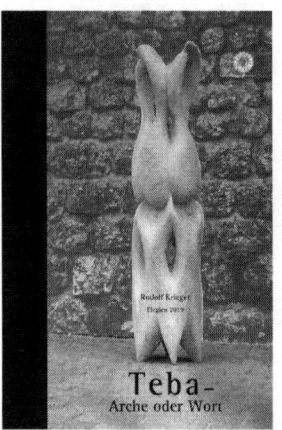

Wir sollten Kriegers Lyrik sachte lesen, nicht mit den gewohnten eingeschalteten Verstandesscheinwerfern, die nur in Autobahnsackgassen zügig führen. Dann glimmt ein Schein auf, der uns Pfade ins Innere der Zeit weist. Zurück zu unserem edelsten Wesen. Zur Seele.

Oder: Das Schwarz des unendlichen, lebendigen, glitzernden Nichts – von Rudolf Krieger massiv und feurig komprimiert – funkelt als Diamanten auf.

Manfred Stangl, Herausgeber, im September 2019

Rudolf Krieger:

„Teba – Arche oder Wort",

edition sonne und mond,
Elegien 2019, Paperback, 176 Seiten, 18 Euro,
ISBN: 978-3-9503442-9-5